AF279078

L'ARCHE DE NOÉ.

à messieurs

DE BÉRANGER—DUPONT DE L'EURE—DE LAMARTINE.

Ce n'est pas votre illustration que je courtise,
mais votre patriotisme que je salue.

TESSAR-SELUJ.

15 NOVEMBRE 1848.

2e ÉDITION.—PRIX : 15 C.

VERSAILLES,

IMPRIMERIE DE KLEFER, PLACE D'ARMES, 17.

1848.

L'ARCHE DE NOÉ.

L'archange disait : « Seigneur, tes ordres sont accomplis, j'ai parcouru la terre.

EN HAUT.

L'auréole du vice armé du fer et du poison qu'il plonge et déverse sans cesse ; l'hérédité, vampire aux flancs altérés, boit le sang d'une jeune femme ; la gentilhommerie assassine en plein soleil et par-devant témoins.

La loi s'incline devant les coutumes ; car elle est telle, qu'il faut admirer le mensonge, honorer le faux témoignage qui arrache une victime aux serres du vautour. Seigneur, vous leur avez donné la sagesse tempérée par les mouvements sympathiques du cœur ; ils ont voulu une justice froide et l'ont faite sanguinaire : la vierge est devenue tigresse.

Les dignités, les places sont à l'encan ; qui vend son honneur les achète.

AU MILIEU.

L'agiotage fait les grands hommes, et la dilapidation les heureux. La spéculation, la banque ont envahi le sacerdoce et la magistrature ; la virginité a son taux et le concubinage court les rues.

L'usure et l'intrigue ont tout accaparé ; c'est l'exploitation du troupeau par les loups : les bagnes ont ouvert leurs portes, et se sont répandus dans la société.

La science enfourche les tréteaux, embouche les trompettes du saltimbanque, et débite le camphre en panacée universelle.

Misère et pitié; car il faut vivre et l'on tue.
Tel est empoisonneur, Lacenaire fut assassin.

Du pain, journaliste! — Quelle est votre couleur? — Je ne suis d'aucune, et me rallie à toutes, selon ma conviction. L'esprit de parti et le quand même sont les écueils que j'évite; ma conscience est mon drapeau. — Nous n'avons que faire de vous; passez votre chemin... mourez.

EN BAS.

La vermine qui grouille dans le fumier, la vertu, le vice pêle-mêle, les gémissements étouffés par des huées infernales, l'abrutissement du corps, l'abrutissement de l'esprit, un peu moins que le néant. »

. . . .

. . . .

Ainsi.... l'homme des premiers âges oublia la vertu.

. . . .

Alors le firmament s'ouvrit, et la voix de Dieu se fit entendre : « Noé, prends de chaque race un couple, et construis une grande arche; garde-toi cependant d'y enfermer cygne, coq, ni aigle; l'orgueil les a faits méchants, leur perte est résolue. »

. . . .

Cependant, les nuages s'amoncelaient, des sillons sinistres présageaient la colère céleste, de sourds grondements se faisaient entendre, les vents mugissaient en furie. — Tout-à-coup la foudre éclate avec fracas, la nue se déchire et vomit des torrents embrasés, les forêts jonchent la terre, les montagnes sont renversées, la mer a franchi ses barrières, quelques débris surnagent encore, qui disparaissent bientôt.

L'arche sainte se balance agitée par les flots.

. . . .

Aux pieds de Noé, le lion, venu des côtes africaines, repose, la crinière étendue sur sa griffe redoutable ; ce front chauve et pensif, cette prunelle vigilante où se reflète la pensée du maître, lui donne l'attitude du commandement.

Tout contre la porte, arrivée la dernière, se tient l'insidieuse belette. L'huis s'allait fermer quand elle échappa au trépas ; elle entra bien piteuse ; mais son adresse est telle, ses ruses si charmantes, qu'on se plaît à la voir, à l'entourer ; le castor, l'abeille, la fourmi, n'agissent plus que d'après son conseil.

La hiène s'agite, se tourmente, hérisse son poil, lèche sa mâchoire ensanglantée, souffle la terreur, gratte le plancher et flaire les cadavres qui heurtent la carène.

Enfin, dans un coin reculé, un oiseau de triste mine, au plumage déguenillé, aiguise son bec, huile ses plumes, étend ses ailes majestueusement, les replie et se remet à huiler ses plumes.

Tous attendent la curée, tous veulent la plus grosse part ; les hurlements, les cris se font entendre ; tous se remuent, se pressent, se mordent, se déchirent.... le lion croise ses pattes.

Noé leur dit : « O vous, créatures, que Dieu

épargne dans sa bonté, écoutez ce qu'il vous ordonne par ma voix. Que toute querelle s'éteigne, que toute haine s'apaise; que la Concorde, l'Équité règnent parmi vous, et bientôt il vous rendra la Liberté. Mais, pour que cette loi qu'il vous impose ait une sanction, il vous ordonne de désigner celui qui la fera respecter, afin que vos iniquités ne le contraignent pas un jour à envelopper son œuvre dans un nouveau déluge.... Celui-là que vous choisirez, doit être le plus sage. »

A ces mots, il se fait un grand silence : les appétits se taisent, une noble ambition enflamme tous les cœurs, tous les yeux se regardent. Le lion bâille, étend ses pattes, découvre ses griffes et l'arsenal de sa gueule redoutable; la belette minaude, la hiène lèche ses barbes, et l'oiseau huile ses plumes. Peu à peu le calme se fond en une sorte de fourmillement : les pucerons, les mites, ceux sur lesquels l'œil ne saurait se fixer pour un choix si glorieux, trottinent, se traînent, se groupent auprès de leurs candidats; qui près le lion, qui près la belette, l'oiseau, voire même la mouche, dont les ancêtres avaient peut-être terrassé quelque lion avant le déluge. Quelques-uns, en petit nombre, s'approchent de la hiène, respectueusement toutefois; ils se tiennent à distance, car ses plus intimes la redoutent.

Aussi loin de la hiène que de la belette et de l'oiseau, beaucoup se tiennent au centre, attendant l'événement; étrangers à toute ambition personnelle, le salut de l'Arche est leur seule préoccupation ; ils demeurent immobiles au milieu de cette agitation générale. — Voyez ce superbe Coursier ; son nom même implique l'équité. Une blanche crinière ombrage son front : il a déjà fourni plus d'une noble carrière, sans que jamais la poussière de l'arène ait souillé ses pieds ; sa bouche ignore le frein, et jamais les entraves d'un maître n'ont sillonné ses flancs. Ses adversaires l'aiment et le respectent, et voudraient paraître *lui ressembler*; chacun lui décerne l'honneur que lui seul refuse. — Voyez à ses côtés la blanche Colombe tenant au bec cet immortel rameau d'olivier, et l'Alouette initiée aux secrets des cieux. Ils écoutent, et les mouvements de leur corps répondent aux oscillations de leur pensée : semblables au joueur qui suit la courbe de sa boule, semblables au nautonnier qui se rejette en arrière quand l'abîme s'entr'ouvre sous la proue de sa nacelle.

Noé les observe et sourit.

La hiène rugit, et chacun fait silence : « Moi, dit-elle, qui fus votre maîtresse, moi qui vous ai amenés *malgré vous* à la délivrance, au milieu de ces flots vengeurs où périrent à jamais les méchants, j'élève la voix dans cette arche pour réclamer le prix que vous allez décerner. Jamais je n'ai douté de l'avenir; j'ai poursuivi ma tâche sans tiédeur, sans hésitation, malgré des entraves réputées insurmontables, au milieu de déboires et d'humiliations sans nombre. Ma vie est sans reproche; elle est un long tissu d'affronts couronnés d'une auréole d'un jour : à moi revient toute votre gloire, c'est à moi que vous devez le bonheur. Mes peines, mes tribulations passées, j'en tiens peu de compte en face de ce sublime résultat qui est mon ouvrage, et dont il me sera peut-être permis de tirer vanité. En moi se personnifie le martyre de la tyrannie et l'apostolat de la liberté, et par-là, sans doute, j'ai mérité cette appellation de sage et le prix de ma sagesse. — J'ai tout dit, quelqu'autre l'eût mieux exprimé; pour moi, j'abandonne aux bavards tout jargon inutile. Il me suffit qu'on sache que, sans moi, les méchants seraient encore vos maîtres, que sans moi vous seriez encore esclaves, et que je suis, moi, votre libérateur, et dois être votre pilote, si vous n'êtes ingrats; qu'on en place un plus digne au gouvernail! »

Ce discours *ex abrupto* déplut au grand nombre. La hiène hérisse son poil, dilate ses naseaux, et reçoit les félicitations des gros mammifères carnassiers.

L'oiseau à son tour jette un cri perçant, ouvre ses larges ailes, et d'un bond va toucher une poutre, d'où il puisse dominer l'assemblée et l'éblouir par l'éclat emprunté d'un rayon de soleil sur ses plumes huilées. Par malheur, il s'abat aux deux tiers de son vol, son bec seul a touché le perchoir; il retombe lourdement par terre, et essuie une petite salve de grognements joyeux.

Quelques oiseaux, *ses plus proches,* accourent

aussitôt, lancent à l'assemblée des regards irrités, et parviennent, après quelques efforts, à jucher l'orateur.

Les grognements joyeux de l'assemblée accueillent l'oiseau remis sur ses pattes; celui-ci profite du tumulte pour donner un coup de bec à sa parure chiffonnée, et un nouveau luisant à ses plumes.

« Peuple, dit-il, mon peuple bien aimé (explosion de grognements improbateurs), vous savez si j'ai intérêt à conserver intacte votre gloire, qui est bien un peu la mienne (les grognements continuent); pendant quatre lustres, mes ancêtres ont plané sur vos têtes; je chasserai de race, croyez-moi. Regardez toujours mes plumes, vous les trouverez toujours luisantes de l'éclat (légers grognements joyeux) luisantes de l'éclat que... (les grognements joyeux redoublent) de l'éclat qui.... (Explosion de grognements joyeux.)

Une mite du côté de la belette : Enfin, nous les trouverons toujours luisantes (c'est cela, c'est cela, très-bien). L'assemblée pouffe de grogner.

Mais écoutez-moi donc, animaux !. (Voix du côté de la hiène : Oh ! oh !) Écoutez-moi, et vous rirez ensuite. (Voix du côté de la belette : Nous n'y manquerons pas. — Mêmes grognements prolongés.)

Les oiseaux crient : Écoutons! écoutons!

L'orateur continue : Où en étais-je?... Ah ! vous trouverez toujours mes plumes... (Voix du côté de la hiène : C'est entendu. — Simples grognements.)

— Peuple d'animaux, mes confrères (ah!
ah!), parce que je n'ai point encore prononcé
de discours, peut-être parce que je n'ai point
atteint du premier coup mon perchoir, vous
doutez de mes forces; détrompez-vous, je
vous en prie; parole d'honneur, je suis un
aigle (grognements et rumeurs) descendant
du grand aigle (les rumeurs vont croissant);
j'ai encore de ses plumes, et je les huile tous
les jours (très-bien! très-bien! — Les grognements joyeux gagnent toute l'arche); enfin, je
serai bien content d'être roi des animaux, et
j'y ai quelque droit.

La Hiène. — Il n'y a plus de droits!

L'Oiseau. — Enfin, j'en ai envie. (Grognements généraux de joie.)

L'Oiseau. — Ça me ferait bien plaisir.

Après ce discours, qui a pronfondément
agité l'assemblée, la séance est suspendue.

La belette a la parole. A ce mot se fit un
grand silence; on n'entendit pas une mouche
voler. L'on attendait beaucoup des paroles de
la belette, car elle passait pour fort habile à
toutes sortes do choses : habile à concentrer
ses vues sur un point unique et personnel,
habile à y ramener toutes les opinions, habile
à couvrir ses ruses, et chacun devinant par
avance la conclusion du discours inédit, te-
nait à la voir manœuvrer. (La hiène poussa
un rugissement comme un râle, l'oiseau hui-
lait ses plumes.)

La belette se plaça sur un petit escabeau,
fit mine d'éternuer pour commander l'atten-

tion, et commença d'une voix insinuante et légèrement ironique :

— Messieurs les animaux (deux cents mites : silence ! silence !), après les deux honorables animaux qui m'ont précédé, j'éprouve quelque difficulté à aborder la question : elle a été si nettement posée, si nettement résolue, qu'il semble qu'il n'y ait plus un mot à dire (les mites, belettes : très-bien ! très-bien !) ; les pucerons du côté de la hiène s'agitent sur leurs séants, l'oiseau huile ses plumes. Pourtant (deux cents et quelques voix : ah ! ah !) pourtant l'amour ardent que je porte à chacun de mes confrères, et l'intérêt de tous me porte à ajouter quelques mots aux éloquentes paroles que vous venez d'entendre. (Plus de deux cent cinquante voix : écoutez ! écoutez !) Si j'ai bien compris la conclusion de chacun d'eux, il est inutile de prolonger la discussion, et notre choix doit être déjà fait (très-bien ! très-bien !) ; seulement (écoutez !), et ici je tombe en un grand embarras, l'honorable hiène nous offre un candidat *sine quo non*. (C'est cela ! c'est cela !) Explosion de grognements flatteurs. (Côté de la hiène:Pas d'épigrammes; côté de la belette: Silence !)

LA BELETTE. — Je dis *sine quo non* (écoutez ! écoutez !) ; la hiène se roule sur le parquet et cache son museau dans ses pattes. Je ne fais jamais d'épigrammes ; je professe un trop grand respect pour mes confrères et moi-même, pour m'abandonner à ces mauvais arguments, qui dénotent toujours une mauvaise cause (nombre de voix : très-bien); et la bête s'efface toujours à mes yeux devant le principe (trois cents voix : bravo!) — Je disais donc *sine quo non,* tandis que l'oiseau ne croit pas qu'il soit possible de jeter les yeux ailleurs que sur son plumage (hilarité générale); bien plus, et ici je diverge, bien malgré moi, de sentiment avec le préopinant; il semble revendiquer comme un droit ce prix de sagesse auquel il nous est à tous permis d'aspirer....

La Hiène, sortant son nez : et que vous revendiquez aussi, vous. (Quatre à cinq cents voix : n'interrompez pas; c'est cela, c'est bien cela.)

La Belette. — Et qu'il serait si glorieux d'obtenir. (Bravo!)

Pour moi, je m'en déclare indigne par avance, et je décline l'honneur que déjà nombre d'entre vous m'ont offert; je n'ai d'autre ambition que d'éclairer la discussion dans les limites de mes lumières, d'examiner qui des deux nous devons choisir, si tant est qu'il se trouve parmi eux un animal digne de nous représenter. (Très-bien!) Ma vie tout entière a été consacrée à l'étude des hautes et difficiles questions qui nous occupent, et je crois de mon devoir de vous apporter le tribut de mes connaissances sur cette matière.... (La séance est un instant suspendue par les grognements et les bravos; chaque mite se penche à l'oreille du puceron son voisin, et frotte ses pattes en signe d'assentiment.)

Certes, j'estime les qualités personnelles de ces deux honorables candidats, que je ne connais aucunement (hilarité). Je n'ai point en moi cet esprit de parti enraciné, cet amour désordonné du *quand même* qui pousse à décrier les rivaux ; je prise chacun ce qu'il vaut, et je n'ai pas été le dernier de cette assemblée à payer un juste tribut aux talents *bien distincts* des orateurs qui m'ont précédé. (Hilarité prolongée ; très-bien !)

J'arrive au vif de la question. (Ah ! ah ! écoutez !) Quelle que soit l'âcreté du sujet, je l'aborderai avec une modération d'expression digne du monument qui nous abrite, et, si j'ose me servir d'un mot pittoresque, imagé, en faveur chez mes honorables contradicteurs, je veux que mon langage soit tout *patriarchal*. (Très-bien ! très-bien !)

Quoi ! honorable hiène, vous avez souffert, dites-vous, et vous en réclamez déjà la récompense ? n'est-ce donc point assez de cette auréole d'un jour, dont vous nous parliez ? Certes, je vous ai admiré alors.... j'ai admiré cet astre qui n'était pourtant pas exempt de quelques taches ; mais c'est pour faire votre sort meilleur que vous avez agi. Vous avez réussi, vous devez être contente, *cela doit vous suffire,* pour parler votre langage (très-bien) ; et, comme disait l'honorable oiseau, *cela doit vous faire bien plaisir.* (Hilarité.)

J'aborde une considération d'une plus haute gravité. Savez-vous si des natures moins belliqueuses pourront vous suivre dans vos explorations carnassières? pensez-vous pouvoir entraîner à votre suite tout ce peuple de charmants animaux, qui, au sortir de cette arche, vont butiner les fleurs, brouter l'herbe tendre des prairies? et les agneaux ne craindront-ils pas d'être tombés d'un mal dans un pire, et de n'avoir gagné rien, sinon un changement de maître et un surcroît de tyrannie? (Bravo! c'est cela.) Êtes - vous certain de rallier à vous cette imposante majorité qui rassure la conscience de l'élu, l'affermit dans sa conviction, lui donne la force nécessaire au commandement? Ne craignez-vous point, vous dont j'aime à proclamer la sincérité, de nuire, par votre concours, à cette unanimité nécessaire au parti plus modéré, qui compte déjà un nombre si formidable de prosélytes? Enfin, avez-vous mûrement étudié ces hautes questions qui décident de la vie des États? Avez-vous vécu auprès de l'homme, ce roi des animaux, dont l'étude vous eût appris à vous mieux connaître? Dois-je enfin vous accueillir? Je vous donne toutes mes sympathies; mais permettez que je garde ma voix. (Bravos prolongés.)

La séance est encore une fois suspendue par les trépignements des auditeurs; la hiène pousse un sourd rugissement et se couche sur l'autre oreille, tournant le dos à l'auditoire.

(Silence! silence! écoutez) : Et vous, charmant oiseau qui lissez vos plumes (ah! ah! attendez), quels sont donc ces droits que vous revendiquez? vous sont-ils personnels? vous

êtes un aigle, dites-vous? j'ai trop d'urbanité
pour vous contredire; mais ces plumes, dont
vous invoquez le témoignage, sont à nous et
non pas votre bien-exclusif (c'est cela); elles
nous appartiennent, nous en sommes fiers, et
c'est justice. Cessez donc de vous parer de nos
plumes (hilarité); vous descendez du grand
aigle, dites-vous? mais pas directement, que
je sache; vous êtes pour le moins de la petite
espèce, s'il faut absolument que vous soyez
aigle. Pardonnez notre ignorance; quelques-
uns même, avant votre discours, en doutaient,
qui ont, j'en suis convaincu, changé d'opinion
après vous avoir entendu. (Bravo!) Que vou-
lez-vous? Philomèle a la voix, au paon le plumage; à chacun la nature a départi des avan-
tages personnels; le phénix seul renaît de sa
cendre. (Bravo! bravo!) Je sais que l'aigle
prend plusieurs élans pour étendre son vol,
et en vous voyant atteindre le perchoir, je n'ai
pas douté un instant que vous tinssiez votre
promesse. (Hilarité.) Je veux même être juste,
et j'accorde le même titre aux bienveillants oiseaux qui vous ont aidé à vous maintenir sur
le bâton. (Bravos prolongés.) Vous invoquez
votre passé depuis votre entrée dans l'arche, oiseau *voyageur!* Je m'étonne de vous y voir après
cette prescription de Dieu qui vous bannissait,
vous, le cygne et le coq; enfin, vous y voilà
perché, j'en suis ravi. L'histoire dira si l'on a
voulu vous arracher les quelques plumes qu'il
vous reste à huiler ou si Noé a permis le retour
d'un ancien mal nécessitant un nouveau dé-

luge. (Rumeurs diverses.) Ne craignez-vous
point, étant aigle, de ne devoir votre suffrage
qu'à des plumes qui ne sont point vôtres, et
de ne représenter que l'opinion des faibles
ignorants qui ne connaissent de vous que ce
plumage étranger? et ne redoutez-vous point
les coups d'aile de ce cygne qui chantera de-
main si l'on vous reconnaît des droits aujour-
d'hui?...

La hiène se dresse tout-à-coup sur ses pattes
de derrière; ses satellites se lèvent aussi; tous
crient, hurlent, rugissent.

La Belette. — Vous, grand aigle, qui deux
fois avez perdu vos plumes contre un simple
coq (bravo). Le tumulte est à son comble,
les oiseaux sautent au plafond, mille gueules
béantes font trembler l'arche de leurs rugis-
sements.

La Hiène. Il n'y a plus de cygne.

La Belette. Pardon. Dans un déluge, un
cygne peut trouver son salut. (Bravo, bravo.)

Les Oiseaux. Il n'y a plus de coq.

La Belette. D'accord; mais il nous reste des
œufs. (Bravos, tonnerre d'applaudissements.)

Je conclus, et jusqu'à nouvel ordre, je m'ab-
stiendrai de toute décision. Je crois qu'il est
prudent que vous fassiez tous comme moi. J'ai
lieu de douter; après tous les suffrages partiels
que j'ai recueillis pour mon compte, je ne voterai pour aucun de vous, et je préviens que
je n'aiderai aucun de vous de mes lumières.
Pour moi, je veux bien le redire : je décline
un si grand honneur. Je ne le demande ni ne

le refuse. Je voterai pour qui j'aime le mieux...
Faites comme moi.

L'orateur descend de son escabeau entouré
d'une foule compacte de pucerons féliciteurs;
c'est un bourdonnement indicible. Les houras
frappent les voûtes et sont répétés par mille
échos. Chaque mite voudrait presser cette
patte de la belette qui porte de si rudes coups.
On médite un triomphe autour de l'arche. L'assemblée décide à l'unanimité que la langue
de l'orateur sera clouée, *le plus tôt possible*, aux
rostres de l'arche.

Le lion demande la parole; il étend ses
longs membres, relève noblement la tête,
agite sa crinière et s'exprime ainsi :

Je ne ferai point de discours, bien que je
sois préparé à traiter la question. Moi aussi,
j'ai quelques droits à faire valoir; mais non
point de ceux dont on vous a entretenus jusqu'ici. Je vous dirai un mot de mon passé
parmi vous, vous apprécierez.

Après ce qu'il m'a été donné de faire, je
n'ai plus rien à demander au Ciel. Grace à
vous, je serai immortel, c'est plus que je n'a-
vais osé espérer; mais je suis fier de le proclamer, puisque mon immortalité n'est pas celle
d'Érostrate. (Très-bien.)

Vous vous rappelez ce jour néfaste où l'élé-
phant s'agitant et jetant ses immondices sur
un des côtés de notre arche, nous mit à deux
doigts de notre perte; vous tous et le divin
Noé m'appelâtes au gouvernement de nos affai-
res. Certes, la tâche qu'il me fallut remplir

fut pénible à mon cœur; mais la conscience de mon devoir m'a soutenu dans son accomplissement, et je puis retourner à Dieu, mon créateur, il me tiendra bon compte de ma conduite dans ce jour de danger, de la clémence que j'ai pu montrer depuis, et que vous traitez de faiblesse. Eh bien, cette faiblesse, je m'en honore, car elle était, il me semble, dictée par la plus haute sagesse, et c'est là que je puise mon droit, puisque Noé veut un sage. Au sortir de cette arche, ne devons-nous pas nous aimer en frères? J'ai voulu atténuer le suc des venins, cicatriser les blessures en y versant quelque baume, arriver enfin à cette fusion, à cette fraternisation dont nous avons buriné le principe au fronton de cette arche. C'était, je le répète, une tâche difficile à remplir; je ne me le suis pas un instant dissimulé, elle était pleine d'écueils; je ne pouvais vous contenter tous; mais tous, j'en suis persuadé, pardonnerez la générosité de celui que vous avez armé vous-mêmes. (Oui, oui, très-bien.)

J'ai tout fait pour le mieux, je vous quitte, fier aussi de mon passé, trop court pour le bien que j'aurais voulu faire; heureux, si vous me continuez votre confiance, heureux encore si vous en trouvez quelqu'autre plus digne que moi de réaliser mes rêves. (L'assemblée se lève en masse, et décrète un unanime bravo!)

TESSAR - SELUJ.

Imprimerie de KLEFER, place d'Armes, 17, à Versailles.